JOYCE MEYER

A DECISÃO MAIS IMPORTANTE QUE VOCÊ DEVE TOMAR

UM COMPLETO E PROFUNDO ENTENDIMENTO
DO QUE SIGNIFICA NASCER DE NOVO

Edição publicada mediante acordo com FaithWords, New York, New York. Todos os direitos reservados.

Diretor
Lester Bello

Autora
Joyce Meyer

Título Original
The Most Important Decision
You Will Ever Make

Tradução
Gustavo Fonseca

Revisão
Tucha

Design capa (Adaptação)
Fernando Rezende
Ronald Machado

Impressão e Acabamento
Promove Artes Gráficas

BELLO
PUBLICAÇÕES

Endereço - Rua Vera Lúcia Pereira,122 Bairro
Goiânia - CEP 31.950-060 Belo Horizonte -
Minas Gerais MG/Brasil -
Tel.: (31) 3524-7700
contato@bellopublicacoes.com.br
www.bellopublicacoes.com.br

© 1996 Joyce Meyer
Copyright desta edição:
FaithWords

Publicado pela Bello Com. e Publicações
Ltda-ME. com devida autorização de
FaithWords, New York, New York.

Todos os direitos autorais
desta obra estão reservados.

Primeira Edição - Novembro 2005

	Meyer, Joyce, 1943.
M612	A Decisão Mais Importante Que Você Deve Tomar: um completo e profundo entendimento do que significa nascer de novo / Pauline Joyce Meyer; tradução de Gustavo Fonseca. - Belo Horizonte/MG: Bello Publicações, 2015.
	Título original: The Most Important Decision You Will Ever Make 68p. - ISBN 978-85-61721-28-2
	1. Orientação Espiritual. 2. Fé em Deus.
	I. Título.
	CDD: 234.2 CDU: 230.112

A menos que esteja de outra forma indicado, todas as citações Bíblicas nesta publicação são tiradas da Tradução Alfalit de 1997, Editoração Alfalit Brasil.

Citações Bíblicas anotadas por AMP são traduzidas diretamente para o Português do Inglês da versão Amplified Bible e Velho Testamento copyright 1965, 1987 por Zondervan Corporation. Novo Testamento, copyright 1958, 1987 por Lockman Foundation. Usado com permissão.

Citações Bíblicas anotadas por NKJV são traduzidas diretamente para o Português do Inglês da versão New King James Version of the Bible. Copyright 1979, 1980, 1982, 1983, 1984 por Thomas Nelson, Inc. Publishers. Usado com permissão.

Sumário

1 – A decisão mais importante que você deve tomar 5

2 – Você é nascido de novo? 9

3 – Quem é Jesus? 15

4 – Em que você deve crer? 35

5 – Agora que sou nascido de novo, o que devo fazer? 43

6 – Há algo mais? 49

Sobre a autora 61

SUMÁRIO

1

A DECISÃO MAIS IMPORTANTE QUE VOCÊ DEVE TOMAR

Gostaria de falar com você sobre uma decisão muito importante. Na realidade, essa é a decisão mais importante que você deve tomar. Ela é mais importante do que o lugar onde você escolhe para ir à escola, do que sua opção de carreira, do que com quem você decide se casar ou do que onde você decide morar. Essa decisão diz respeito à eternidade. Pense nisso. Para sempre é um tempo muito, muito longo.

Muitas pessoas estão preocupadas somente com o hoje ou com o que poderá acontecer daqui a alguns meses à frente. Quando muito, alguns estão preocupados com a aposentadoria. Quero ir além disso. Quero falar sobre "a vida após a morte". Você está fazendo alguma provisão para isso?

Você sabia que não é apenas um corpo feito de carne e ossos, sangue e músculos? Você é um ser espiritual, tem uma alma e habita em um corpo. Quando você morrer –

A decisão mais importante que você deve tomar

o que acontecerá com todas as pessoas –, mais cedo ou mais tarde, o seu corpo físico será colocado em uma sepultura. Ele apodrecerá e se tornará cinzas e pó. Mas e quanto ao seu "verdadeiro eu" – o seu interior, sua personalidade, sua mente, vontade e suas emoções?

O seu lado espiritual pode ser encarado como a parte do seu ser que não pode ser vista com os olhos naturais. Essa parte de você viverá eternamente. E onde o seu "eu" espiritual vive depende da decisão que você tomar ao ler este livro.

Há duas forças no mundo – bem e mal; certo e errado. Nós temos essa "noção" dentro de nós, mesmo não tendo ouvido falar nisso. Há duas forças no reino espiritual – Deus e o Diabo; anjos bons, que são seres espirituais criados por Deus para ajudá-lo a cumprir Sua tarefa, e anjos maus, chamados de demônios.

Esses anjos maus uma vez foram anjos bons que fizeram uma escolha de se rebelar contra Deus. Lúcifer, um arcanjo (também chamado de Belzebu, Satanás ou Diabo), liderou esses anjos nessa rebelião, e Deus os expulsou do céu e criou um lugar para eles e seu mestre chamado *inferno*. (Veja Apocalipse 12: 7-9.) Deus e os anjos bons têm o seu lar no céu. Satanás e os anjos maus têm o seu lar no inferno.

Entre o céu e o inferno está a Terra e a atmosfera acima dela. Anjos bons e maus rondam a Terra o tempo todo.

A decisão mais importante que você deve tomar

Satanás também anda ao derredor procurando quem ele possa devorar. A Bíblia nos diz isso em 1 Pedro 5:8. O Espírito Santo de Deus (o próprio Espírito de Deus) também habita na Terra assim como nas regiões celestiais, e a tarefa que Deus Lhe deu é de selar, guardar, preservar e proteger o povo de Deus (aqueles que escolheram servir a Deus). O Espírito Santo também tem a tarefa de atrair e ganhar pessoas que ainda não escolheram a Deus e Seu modo de viver.

Você fez a sua escolha? A escolha é sua. Ninguém pode fazê-la por você. Deus o criou com livre-arbítrio, e Ele não vai forçá-lo a escolhê-Lo. Ele não forçou os anjos. Parte deles se rebelou, e Ele os deixou fazer o que quiseram fazer. Mas lembre-se: *más escolhas trazem sua própria punição.*

2

Você é nascido de novo?

Você é nascido de novo? O que significa ser nascido de novo? O que a Bíblia diz a respeito de nascer de novo?

Em João 3:3 (*Bíblia Amplificada*), Jesus disse:

> *Em verdade, em verdade te digo que se alguém não nascer de novo (novamente, do alto), não pode ver (saber sobre, conhecer, e experimentar) o reino de Deus.*

Nicodemos, o homem com o qual Jesus estava falando, disse: *Como pode um homem nascer, sendo velho? Pode ele voltar ao ventre materno e nascer?* (João 3:4 – *Bíblia Amplificada*.) Talvez você esteja pensando a mesma coisa. Como pode uma pessoa nascer já tendo nascido? Jesus está falando sobre o nascimento espiritual. Anteriormente eu disse que você é um espírito, tem uma alma e habita em um corpo. O seu corpo já foi concebido, mas a Bíblia ensina que nosso espírito e nossa alma estão mortos e obscurecidos por causa do pecado.

A decisão mais importante que você deve tomar

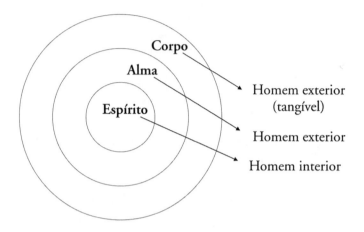

Diagrama: Corpo, alma e espírito

Você pode se ver no espelho, mover a cabeça, os braços e as pernas. Você está respirando. Você pode dizer que você está vivo. Mas o seu "verdadeiro eu" está vivo? Você está vivo e cheio de luz *interiormente*? Você tem paz? Você está em paz consigo mesmo? Você gosta de si mesmo? Você tem alegria e esperança? Você tem medo de morrer? Essas são questões que você precisa fazer a si mesmo. *Você pode abrir um sorriso no seu rosto e não estar sorrindo interiormente.*

Quando Jesus falou em ser nascido de novo, Ele estava ensinando que o homem interior necessita nascer para

Você é nascido de novo?

Deus. João 3:6 (*Bíblia Amplificada*) diz: *O que é nascido da [proveniente da] carne é carne [do físico é físico]; e o que é nascido do Espírito é espírito.*

Quando as mães dão à luz os bebês, eles são carne nascida da carne. Quando o Espírito Santo de Deus entra no seu espírito humano, você, então, é espírito nascido do Espírito. Isso se chama "o novo nascimento". O Espírito Santo vem ao seu espírito somente de *uma forma*. Você só pode ser nascido de novo de *uma forma*. Assim como o nascimento físico só pode ocorrer de uma forma, o mesmo ocorre com o nascimento espiritual.

Você não pode dar vida espiritual a si mesmo mais do que você conseguiria nascer fisicamente a não ser pelo processo de nascimento natural. Há um processo físico natural que precisa estar em operação para que um bebê venha a nascer, e há um processo (espiritual) sobrenatural que precisa estar em operação para que seu espírito receba novo nascimento.

Qual é o processo? Se você decide hoje que quer ser nascido de novo, o que você precisa fazer?

Primeiro, reconheça e admita que você está espiritualmente morto por causa do pecado em sua vida. Romanos 3:23 diz: *Pois todos pecaram e carecem da glória de Deus.* Ninguém está sem pecado! Não tenha medo de admitir que você é um pecador.

A decisão mais importante que você deve tomar

Primeiro João1:8 (*Bíblia Amplificada*) diz:

Se dissermos que não temos pecado nenhum [recu-sando-nos a admitir que somos pecadores], a nós mesmos nos enganamos e nos desviamos, e a Verdade [que o Evangelho apresenta] não está em nós [não habita em nossos corações].

O verso 9 (*Bíblia Amplificada*) diz:

Se [livremente] admitirmos que pecamos e confessarmos os nossos pecados, Ele é fiel e justo (fiel à Sua própria natureza e promessas) e irá perdoar os pecados [retirar nossa ilegalidade] e [continuamente] nos purificar de toda injustiça.

Amado, isso são *boas* novas. Não é de admirar que o evangelho é referido como as *boas novas*. Portanto nós vimos que o *Passo 1* em direção a ser nascido de novo é *admitir* que você é um pecador. Isso significa encarar a verdade a respeito de si próprio. É difícil enfrentar a verdade. Admitir nossas falhas dói. Satanás quer mantê-lo no engano; Deus quer que você enfrente a verdade.

O *Passo 2* é *confessar* os seus pecados. *Confessar* significa verbalizar. Há um efeito purificador se você verbaliza com

Você é nascido de novo?

a sua boca as coisas que fez de errado e das quais quer se livrar. Essas coisas estão armazenadas dentro de você, e é exatamente elas, a memória delas, a sensação de elas serem erradas, que o têm deixado nas trevas.

Confesse seus pecados ao seu Pai do céu. É o caminho de Deus para libertá-lo deles. Você se livra deles pela confissão, e Ele substitui o pecado por perdão. Ele o purifica. É como receber um banho por dentro.

Eu nasci de novo aos nove anos de idade e lembro-me claramente de sentir como se eu tivesse sido lavada interiormente. Eu me senti limpa, leve, nova e renovada por dentro. Amado, você pode entrar na banheira ou chuveiro e dar um banho em seu corpo. Você pode limpar o seu exterior, mas só Jesus pode purificar o seu interior.

3

Quem é Jesus?

Mencionei Jesus algumas vezes, mas não lhe falei sobre Ele. É muito importante que eu lhe diga sobre Jesus, porque é impossível que você se reconcilie com Deus sem conhecer a Jesus. É impossível ser nascido de novo sem conhecer a Jesus.

Eu disse no início que você tem uma decisão muito importante a tomar. Tudo o que se relaciona a essa decisão depende da sua compreensão sobre quem é Jesus e em saber o que Ele fez por você. Então, sua decisão é simplesmente se você quer crer e receber ou se você quer continuar nas trevas da forma como está (se não for nascido de novo).

Estou prestes a lhe contar algo que não vai fazer muito sentido à sua mente, mas seu coração desejará crer. Portanto, prepare-se para ouvir uma surpreendente história verdadeira que pode mudar sua vida para sempre.

A Bíblia diz em Gênesis, capítulos 1 e 2, que no princípio Deus criou o primeiro homem e o chamou de Adão. Deus formou seu corpo a partir do pó da terra e lhe soprou Sua própria vida e Espírito, e Adão se tornou uma alma vivente. Em outras palavras, ele teve vida quando Deus soprou dentro dele uma porção do Seu próprio ser. O hálito de Deus foi posto dentro do homem, e ele teve vida. Ele era cheio da "Vida de Deus".

Deus o chamou de "Adão". A Bíblia diz que Adão foi criado à imagem de Deus. (Gênesis 1:26.) Havia coisas a respeito de Adão que eram iguais às de Deus. Ele tinha o hálito de Deus. Ele tinha a natureza e o caráter de Deus. Ele era santo e bom como Deus. Não havia, absolutamente, nenhum mal em Adão. Ele e Deus podiam ter comunhão porque eram semelhantes.

A Bíblia diz que a luz não pode ter comunhão com as trevas. Deus e Adão eram, ambos, luz, de forma que podiam ter comunhão um com o outro. *Adão estava em paz com Deus.*

Você se sente em paz com Deus?

Adão também foi criado com "livre-arbítrio". Deus lhe disse o que era certo, mas deu-lhe a habilidade de escolher. Adão era bom, mas, para permanecer bom, ele tinha que escolher *continuamente* a Deus e os caminhos de Deus.

Deus percebeu que Adão precisava de uma ajudadora, uma companheira. Então Ele fez Adão dormir, tomou-lhe uma das costelas e, em seguida, fechou seu lado com carne (Gênesis 2: 21-22). A partir de um lado de Adão, Ele fez a mulher para estar ao lado dele (viver lado a lado com Adão) como uma ajudadora, uma companheira. Note que a mulher não foi tomada a partir dos pés de Adão, porque não era para ele se apoiar nela. Ela não foi tomada a partir de sua cabeça para estar por cima dele, mas ela foi tomada a partir do seu lado, para estar ao seu lado na vida como parceira.

Agora temos um casal vivendo na Terra em um paraíso, um lindo jardim que Deus criou somente para eles. É óbvio que Deus queria que eles desfrutassem uma vida feliz.

Você está desfrutando uma vida feliz?

Havia outra criatura na Terra, uma criatura desagradável, Satanás, que havia previamente saído do plano original de Deus para si como arcanjo de louvor e adoração. Ele caiu por causa da rebelião e por querer mais do que Deus havia lhe dado. Ele queria estar no controle, não sob a liderança de Deus.

Ele disse que exaltaria seu trono acima do trono de Deus, e Deus lançou-o para fora do céu juntamente com os anjos que estavam em rebelião com ele. O inferno foi feito para eles, porém foi dado a Satanás e a uma multidão

A decisão mais importante que você deve tomar

de outros espíritos demoníacos o acesso à atmosfera da Terra por um tempo.

No plano de Deus, Ele separou um tempo para que todos eles fossem eternamente confinados no inferno, mas, neste tempo agora, Deus ainda está permitindo que Satanás tenha acesso à Terra, porque homens e mulheres ainda estão no processo de *escolher* a quem eles servirão. Para que haja escolha, deve haver mais de uma coisa sendo oferecida.

Deus oferece vida, luz, alegria, fé, paz, justiça, esperança e todas as coisas boas. Satanás oferece morte, trevas, desesperança, depressão, devastação, pavor, medo e tudo de ruim.

Mesmo ao escrever estas coisas, penso: *Por que alguém escolheria Satanás e seus caminhos?* Multidões ainda o escolhem. Muitas pessoas estão enganadas. Elas estão escolhendo o caminho errado porque lhes falta o conhecimento. Oséias 4:6 diz: *Meu povo está sendo destruído porque lhe falta o conhecimento.* Talvez você não tenha tido conhecimento suficiente para fazer uma boa escolha até agora. Estou tornando essa verdade disponível com a esperança de que muitos milhares estarão equipados com o conhecimento necessário para fazer uma escolha correta.

Vamos continuar a nossa história. Adão e Eva (assim Adão a chamou) estavam desfrutando uma vida feliz no jardim. Deus deixou a Terra por conta deles. Ele lhes disse o que poderiam fazer e o que não poderiam fazer.

Quem é Jesus?

Lembre-se: eles tinham livre-arbítrio. Deus estava lhes dizendo o que Ele queria que eles fizessem, contandolhes como a vida deles poderia ser abençoada, mas não *os forçando* a fazê-lo.

Ele havia colocado muitas árvores frutíferas no jardim para que delas eles pudessem comer livremente, mas do fruto de uma árvore Ele lhes disse que não poderiam comer – *a árvore do conhecimento do bem e do mal* (Gênesis 2:17). Você deve estar pensando por que Deus mesmo colocou aquela árvore lá e lhes disse que não deveriam comer o seu fruto. Lembre-se: para que haja escolha, você deve ter mais de uma opção. Se eles fossem escolher obedecer a Deus, eles teriam de ter algo que pudessem escolher para desobedecer.

Deus queria o amor e a obediência deles. Obediência é, na verdade, fruto do amor. Ele queria isso, mas isso não significaria nada para Deus se não fosse oferecido livremente como um ato espontâneo, resultante de sua própria escolha.

Você se sentiria entusiasmado e abençoado se os outros o amassem porque você os forçou, não lhes deu outra escolha? Deus criou o homem com livre-arbítrio, e Ele deixou algumas escolhas muito importantes. Você está na mesma situação hoje. Você tem o livre-arbítrio, livre escolha, e uma decisão muito importante a tomar.

A decisão mais importante que você deve tomar

Prosseguindo nossa história, Adão e Eva estavam desfrutando uma vida feliz, desfrutando Deus, o jardim, o bom fruto, desfrutando um ao outro e todas as demais coisas que Deus fez. Gênesis 3 nos diz que Satanás apareceu a Eva em forma de serpente. Ela não teve medo da serpente (cobra) como você e eu devemos ter hoje. A serpente não era um animal ruim. Satanás a estava usando ou ela apareceu a Eva naquela forma.

Por intermédio da serpente, ele começou a lhe fazer perguntas que a levaram a pensar (argumentar – o tipo de "pensamento" no qual 2 Coríntios 10:4-5 fala que se levanta contra o conhecimento de Deus) por que Deus lhes disse para não comerem da árvore do conhecimento do bem e do mal. De fato, Deus não queria que eles jamais soubessem alguma coisa sobre o mal. Mas lembre-se: eles tinham que escolher.

Deus tinha dito a Adão que se ele comesse da árvore do conhecimento do bem e do mal *ele, certamente, morreria.* (Gênesis 2:17.) Ele quis dizer que eles morreriam por dentro, não o corpo físico. Ele quis dizer que a vida neles iria desvanecer. A luz se apagaria, e eles estariam em trevas.

Recentemente, um homem que havia vivido uma vida terrivelmente pecaminosa estava sendo operado. Ele pensou que iria morrer e queria se reconciliar com Deus.

Quem é Jesus?

Quando Dave e eu conversamos com ele, ele disse: "Eu me sinto morto por dentro".

Pense nisso. Ele queria ser nascido de novo porque temia que iria morrer (morte física) na mesa de operação, porém, na realidade, ele tinha estado morto interiormente por toda a sua vida, e ele disse isso com a própria boca.

Você está vivo ou morto?

A serpente mentiu para Eva. Ela disse: *É certo que não morrereis* (Gênesis 3:4 – *Bíblia Amplificada.*) O que ela disse foi o *oposto* do que Deus disse; portanto, foi uma mentira. A Palavra de Deus é verdade. E aqui, no princípio, você pode ver a natureza de Satanás. Ele é o oposto exato de tudo o que Deus é. Deus quer que você tenha tudo de bom. Satanás quer destruí-lo. Ele realiza isso hoje por meio de mentiras e engano, assim como fez com Eva.

Ele continuou a enganá-la, mentir-lhe e a lhe fazer perguntas que a levaram a argumentar ("pensamentos" que se levantam contra o conhecimento de Deus). Por fim, ela seguiu o conselho de Satanás e convenceu seu marido a fazer o mesmo. Ambos desobedeceram a Deus ao comerem o fruto do qual Ele havia dito que ficassem longe. O resultado foi exatamente o que Deus disse – eles morreram espiritualmente.

A decisão mais importante que você deve tomar

Na ocasião seguinte em que Deus veio ao jardim para visitar Adão e Eva, eles se esconderam dEle porque estavam com medo.

Você tem se escondido de Deus porque está com medo?

Tão logo Deus percebeu que eles estavam com medo, Ele teve certeza de que eles haviam pecado. Eles tinham acreditado nas mentiras de Satanás. Eles haviam caído em tentação e agora estavam colhendo o fruto de sua escolha. O medo é fruto ou resultado do pecado.

Você pode colher o fruto da sua escolha.
Mas lembre-se: alguns frutos podem ser amargos
em sua boca!

Deus começou a tratar com eles sobre o pecado deles, mas Ele também tinha um plano imediato para redimilos e livrá-los dessa confusão em que se meteram. Em Gênesis 3:15, Deus disse à serpente que o descendente (semente da mulher) feriria a sua cabeça, e ele (Satanás) feriria o calcanhar do descendente.

Ele estava falando de Jesus, Seu Filho unigênito, que já existia espiritualmente. Deus é um Deus Triuno. Nós nos referimos a Ele como "A Trindade": um Deus em

Quem é Jesus?

três pessoas – Pai, Filho e Espírito Santo. Cada uma das Pessoas da Trindade tem um papel importante na sua vida.

Jesus já existia espiritualmente, mas, para ajudar o homem a sair da confusão em que estava, Ele, finalmente, precisaria vir à Terra. Ele precisaria entrar em um corpo humano natural como o seu e o meu. Ele precisaria humilhar-se e rebaixar-se para se tornar um ser humano. Lembre-se: Jesus é totalmente Deus, o Filho de Deus. Em outras palavras, *o próprio Deus.* Ele certamente era e é plenamente Deus.

Um plano foi concebido, mas ele não aconteceria até o momento exato no plano completo de Deus. Efésios 3:10 (baseado no texto da *Bíblia Amplificada*) revela o propósito de Deus: é que por intermédio da Igreja[1] que a sabedoria de Deus (Sua multiforme e infinita diversidade de sabedoria) e sua grandeza devem se tornar conhecidas dos principados e potestades, que são espíritos demoníacos, e do seu governante, Satanás, que se rebelara.

Em português claro, nós estamos *em uma guerra – uma guerra entre Satanás e Deus!* Já está, e sempre foi, estabelecido quem vence a guerra. Deus vence. A celebração de vitória está planejada.

---

[1] A Igreja não é um edifício. Ela é composta por todos os crentes nascidos de novo que já viveram.

A decisão mais importante que você deve tomar

Do lado de quem você está lutando?

Se você está servindo a Satanás e acreditando em suas mentiras, você está trabalhando para um perdedor. Deus é o vencedor.

De qualquer forma, este é fundamentalmente o plano de Deus: Ele usará pessoas nascidas de novo – pessoas que amam, obedecem e servem a Ele *voluntariamente* – para derrotar e derrubar completamente Satanás e suas hostes de demônios.

Você deve estar pensando por que Deus nos arrastou para essa guerra. Lembre-se: Satanás derrotou o homem de Deus no jardim e roubou dele aquilo que Deus queria que lhe pertencesse. Na realidade, o homem, por meio do engano, o deu ao diabo. Seria ilegal que Deus o tomasse do diabo e o devolvesse ao homem.

O que Deus está fazendo e tem feito desde o jardim, e continuará fazendo até que a tarefa esteja terminada, é isto: *Ele está equipando o homem com a habilidade para resgatar o que Satanás lhe roubou.*

Jesus é a chave para todo o plano.

Deixe-me continuar nossa história de Gênesis 3, quando Deus disse à serpente que, finalmente, sua cabeça seria

Quem é Jesus?

esmagada. (Isso significa sua autoridade destruída.) Deus havia dito o que iria acontecer, e se Deus o diz, certamente, acontece.

Mas antes que isso acontecesse, dois mil anos se passaram enquanto homens e mulheres se multiplicaram na Terra. O pecado e os problemas se multiplicaram. Onde o pecado se multiplica, problemas sempre se multiplicam.

O homem agora era impuro, injusto e afastado da comunhão com Deus. O princípio do pecado habitava a carne do homem. Ele tinha a natureza de pecado. Em outras palavras, era algo natural a ser feito pelo homem. O pecado era natural para ele. Ele não precisava tentar pecar. Ele simplesmente pecava. De fato, ele não conseguia impedir a si mesmo de cometer pecado.

Toda vez que nascem as crianças, elas têm a natureza do pecado na carne.[2] As crianças não respondem pelo pecado até atingirem uma idade de consciência, que não chega antes de alguns anos. Isso se refere a quando elas adquirem a consciência de que as suas ações são realmente pecado contra Deus e têm a oportunidade de escolher a Deus ou rejeitá-lo.

---

[2]   A carne do homem equivale ao seu corpo e à sua alma.

A decisão mais importante que você deve tomar

Eu tenho a natureza pecaminosa; você também. Todas as pessoas têm natureza pecaminosa. Nós a adquirimos no nascimento. Nós nos tornamos responsáveis por prestar contas a Deus quando nos tornamos conscientes do nosso pecado.

A lei

Deus ama muito Seu povo e instituiu um plano temporário que seria suficiente para aqueles que O amassem e O escolhessem e a Seus caminhos – um plano que Lhe permitisse ter comunhão com Seu povo novamente. Veja, quando o pecado entrou e o homem morreu espiritualmente, ele não pôde mais ter uma comunhão apropriada com Deus. Deus é um ser espiritual, e nós devemos ter comunhão com Ele em nosso espírito.

Deus é luz. O homem estava agora cheio de trevas, então a comunhão, a união, a unidade e o relacionamento entre Deus e o homem estavam quebrados. A Bíblia diz que havia agora uma separação entre Deus e o homem – um rompimento entre eles. Você poderia dizer que uma muralha surgiu entre eles – a muralha do pecado.

Deus instituiu a lei, um sistema de regras e normas escritas na qual o homem teria que viver se quisesse ser santo o bastante, correto o bastante para ser amigo de

Quem é Jesus?

Deus. A lei era perfeita e santa, justa e boa. Ela declarava claramente o que o homem tinha de fazer para ser santo.

Antes de Adão pecar, ele, instintivamente, sabia o que Deus queria e o que não queria. Eles eram um em Espírito, um em coração, um em propósito. Depois que o homem pecou, ele não era mais sensível a Deus. Ele foi endurecido pelo pecado e pelos resultados do pecado. Ele não mais conhecia o coração de Deus. Isso tinha de estar escrito. O homem não conseguia mais fazer a vontade de Deus pelo seu coração ou pelo seu espírito. Ele procurava agradar a Deus em sua habilidade natural. Mas o homem era incapaz de guardar *toda* a lei perfeitamente porque não era mais perfeito e nunca mais o seria enquanto vivesse na Terra.

A lei de Deus disse: Se você quebra a lei em um ponto, você se torna culpado de todos. (Tiago 2:10.) A lei era perfeita, e para guardá-la integralmente o homem precisava ser perfeito.

Sacrifícios

Uma vez que eles tinham a lei, mas não podiam cumpri-la, não importa quanto se esforçassem, Deus instituiu um sistema de sacrifícios que eles poderiam realizar para cobrir e reparar (compensar) seus erros e falhas. Eram

A decisão mais importante que você deve tomar

sacrifícios de sangue. O derramamento de sangue tinha que estar envolvido. Isso pode soar um tanto quanto grosseiro, mas a razão por trás disso o torna compreensível. Quando Deus soprou dentro de Adão o hálito da vida, ele se tornou uma alma vivente e seu sangue se encheu de vida. Seu sangue começou a fluir através do seu corpo. A Bíblia diz: *A vida da carne está no sangue.* (Levítico 17:11.) Você sabe que isso é verdade. Ninguém vive sem o sangue. Se cessa o fluxo de sangue, cessa a vida.

Quando Adão e Eva foram tentados por Satanás e escolheram o pecado, este trouxe como conseqüência a morte (Romanos 5:12) e tudo o que a morte representa – doença, enfermidade, pobreza, guerra, ódio, ganância e ciúmes. *A única coisa forte o bastante para encobrir a morte é a vida.*

Quando o homem quebrou a lei e pecou, foi um tipo de morte. A única expiação para o pecado era o sacrifício de sangue, porque a vida está no sangue (Levítico 17:11).

Outra razão por que Deus fez isso foi uma espécie de "planejamento futuro" do bom plano que Ele tinha em mente para eles, que iria ser cumprido no devido tempo estipulado por Deus. Os profetas estavam profetizando sobre a vinda de um Messias, um Salvador, um Redentor, Aquele que os livraria. Deus estava entregando a mensagem. Lembre-se: se Deus promete, Ele, certamente, cumpre.

Este Messias se tornaria o sacrifício deles, o sacrifício final, um sacrifício perfeito. Ele seria o cordeiro de Deus sacrificial, perfeito, sem defeito. Eles não mais precisariam oferecer cordeiros sem mancha nos altares dos templos como um sacrifício pelo seu pecado. Jesus viria e seria o último sacrifício, o sacrifício final. Seu sacrifício colocaria um fim ao sistema da lei.

Vou citar apenas uma dessas profecias.

Ele era desprezado e rejeitado e abandonado pelos homens, um homem de aflições e dores, e que sabe o que é padecer e enfermar; e como um de quem os homens escondem o rosto, era desprezado, e nós não apreciamos Seu valor ou tivemos qualquer estima por Ele.

Certamente Ele suportou nossas enfermidades (doenças, fraquezas e angústias) e levou sobre si nossas aflições e dores [da punição], e nós [ignorantemente] o reputávamos por aflito, oprimido, e ferido de Deus [como se tivesse lepra].

Mas Ele foi traspassado pelas nossas transgressões, Ele foi moído pela nossa culpa e nossas iniqüidades; o castigo que nos traz [necessário para obter] a paz

A decisão mais importante que você deve tomar

e bem-estar estava sobre Ele, e pelas Suas pisaduras [que o feriram] fomos sarados e restaurados.

Todos nós andávamos desgarrados como ovelhas; cada um se desviava pelo seu próprio caminho, mas o Senhor fez cair sobre Ele a culpa e a iniqüidade de nós todos.

Ele foi oprimido, [mesmo quando] Ele foi afligido, Ele foi submisso e não abriu a Sua boca; como cordeiro levado ao matadouro, e como ovelha, muda perante os seus tosquiadores, Ele não abriu a Sua boca.

Isaías 53:3-7 (Bíblia Amplificada)

As profecias estavam sendo entregues. As pessoas estavam esperando pelo seu Messias, seu Salvador e Libertador. Não creio que eles realmente compreendiam a respeito do que estavam esperando.

Eles não compreendiam que Ele os livraria da lei, das "obras" envolvidas na tentativa de agradar a Deus com perfeição quando é impossível fazê-lo. Eles não compreendiam que Ele, Jesus, o Messias, o Salvador do mundo, derramaria Seu próprio sangue numa cruz, deixaria Seu sangue verter, *derramando Sua vida para remover todo o pecado de todas as gerações.*[3] Eles estavam esperando, mas não sabiam realmente o que estavam esperando.

Jesus Veio

O tempo de Deus veio. O Espírito Santo apareceu a uma jovem virgem chamada Maria. Ela engravidou-se pela operação miraculosa do poder de Deus – engravidou-se de Jesus, o Filho de Deus. Isso teve de acontecer dessa forma.

Jesus já estava no céu espiritualmente e sempre estivera. Ele estava com Deus desde o princípio. Mas agora Ele estava se tornando carne para que pudesse ajudar o restante dos humanos feitos de carne, que estavam em uma confusão tal que não tinham solução sem um Salvador.

João 1:1,14 diz que Jesus é o Verbo de Deus e que o Verbo de Deus se fez carne e habitou entre os homens. Hebreus 4:15 diz que Jesus é o Sumo Sacerdote que se compadece das nossas fraquezas e falhas porque Ele, tendo tido corpo de carne e alma natural, foi tentado em

---

[3] Lembre-se de que a vida está no sangue (Levítico 17:11).

A decisão mais importante que você deve tomar

todas as coisas à nossa semelhança, *mas sem pecado.* Amado, essa é a grande diferença. Jesus estava vivo para Deus interiormente, totalmente conectado ao Pai. Ele era um com Ele, como Adão era antes de pecar. A Bíblia o chama de *segundo Adão.* (Veja 1 Coríntios 15:45,47). Romanos 5:12-21 diz que se o pecado de um homem (Adão) fez com que todos os homens pecassem, então quanto mais pode a justiça de um homem (Jesus) tornar todos os homens justos perante Deus?

O pecado de Adão foi passado a você de geração a geração. Agora, *se você crê,* o segundo Adão, Jesus, está aguardando para lhe dar a Sua justiça. Adão era um homem cheio de Deus, cheio da vida de Deus. O pecado veio, e o homem se encheu de trevas. A luz que estava nele se apagou.

Você está cheio de trevas ou de luz?

Jesus também era um homem, nascido de uma mulher, mas Ele era cheio de Deus. Adão pecou. Jesus jamais pecou; Ele era um sacrifício perfeito para o pecado.

Os crentes do Velho Testamento tinham de fazer sacrifícios constantemente pelo seu pecado, mas a culpa estava sempre lá.

Você se sente culpado ou livre? Sujo ou limpo?

Jesus tornou-se o cordeiro sem pecado, o cordeiro sacrificial de Deus que tirou o pecado do mundo. Hebreus 10:11-14 (*Bíblia Amplificada*) diz:

> *Ora, todo sacerdote [humano] se apresenta [em seu altar de serviço] dia após dia a exercer o serviço sagrado, oferecendo muitas vezes os mesmos sacrifícios, que nunca jamais podem tirar [de cada parte de nós] os pecados [que nos envolvem] e removê-los.*

> *Porém este sacerdote [Cristo], tendo oferecido um único sacrifício pelos nossos pecados [que será válido] para sempre, assentou-se à destra de Deus, aguardando, daí em diante, até que os seus inimigos sejam postos por estrado dos seus pés.*

> *Porque com uma única oferta Ele purificou completamente e aperfeiçoou para sempre quantos estão sendo consagrados e santificados.*

Os sacerdotes do Velho Testamento ofereciam sacrifícios em nome do povo. Eles tinham de fazer isso repetidas

A decisão mais importante que você deve tomar

vezes, todo o tempo, sempre trabalhando, tentando ser bons, sempre falhando, nunca se sentindo bem a respeito de si mesmos (interiormente), sempre tentando *ser* bons para que eles pudessem se *sentir* bem.

Mas Hebreus mostra que Jesus ofereceu a Si mesmo de uma vez por todas – um sacrifício perfeito. Ele cumpriu toda a lei. *Sua vitória está disponível a todos os que crerem.*

4

EM QUE VOCÊ DEVE CRER?

Creia que Jesus fez o que a Bíblia diz. Creia que Ele é, de fato, o Filho de Deus, nascido de uma virgem. Ele tomou para si o pecado do homem. Ele se tornou nosso sacrifício e morreu na cruz. Ele não permaneceu morto. Ele estava na sepultura por três dias. Durante esse tempo, Ele entrou no inferno e derrotou Satanás.

Tudo isso Ele fez voluntariamente porque amava a Seu Pai (Deus) e porque Deus e Jesus amaram tanto a você e a mim que nenhum plano seria exagerado demais. Tudo o que fosse necessário para ter o povo de Deus de volta, novamente livre, é o que Eles fariam. *Jesus pagou* por nossos pecados na cruz e foi para o inferno em nosso lugar. Então, como Deus havia prometido, no terceiro dia Jesus ressuscitou dos mortos.

O que aconteceu na cruz

Quando Jesus estava pendurado na cruz, Ele tomou nosso pecado sobre si mesmo. Deus não pode ficar na

A decisão mais importante que você deve tomar

presença do pecado. Como Jesus tomou nosso pecado, Ele foi separado da presença do Pai. A mesma coisa aconteceu com Adão no jardim. Como ele pecou, a presença de Deus o deixou. Deus não pode habitar no meio do pecado. O pecado põe uma muralha entre o homem e Deus.

Jesus estava tomando os seus pecados e os pecados de todos sobre Si quando sentiu a ausência da presença do Seu Pai. Ele disse: *Deus meu, Deus meu, porque me desamparaste?* (Veja Mateus 27:46, paráfrase do autor.) Jesus sabia que isso iria acontecer, mas o horror da separação da presença viva do Pai foi pior do que Ele pudesse imaginar, e isso o fez clamar. Ele entregou Seu Espírito ao Pai e morreu. Então o puseram – ou seja, Seu corpo – numa sepultura, e Seu espírito foi para o inferno, porque lá é onde merecíamos ir.

Lembre-se de que bem no princípio deste livro eu disse que, quando você morre, somente o seu corpo morre. Sua alma e seu espírito vão para o céu ou para o inferno.

Não há esperança de alguém ir para o céu a não ser que creia nessa verdade. Você não pode ir para o céu a não ser que você creia de todo o seu coração que Jesus tomou o seu lugar. *Ele se tornou o seu substituto e tomou toda a punição que você merece. Ele levou sobre Si todos os seus pecados. Ele pagou a dívida que você deve.*

Em que você deve crer?

Ele fez isso por você porque Ele o ama. João 3:16 diz:

Porque Deus amou ao mundo de tal maneira, que deu o seu Filho unigênito, para que todo o que nele crê não pereça, mas tenha a vida eterna.

Jesus foi para o inferno por *você*. Ele morreu por *você*. Ele pagou pelos *seus* pecados. Deus era fiel a Jesus. Deus fez o que Ele disse a Jesus que faria. Ele o ressuscitou dos mortos.

Mas, até que isso acontecesse, Ele estava sozinho por três dias como prova de estar cumprindo a lei e vencendo as hostes do inferno. Ele tomou as chaves do inferno e da morte. Ele pregou aos que lá estavam cativos a respeito do paraíso. Ele os libertou vitoriosamente.

No terceiro dia, Ele ressuscitou dos mortos. Depois disso, Ele entrou nas regiões celestiais com uma porção do Seu próprio sangue e o deixou lá como uma lembrança constante de que sangue sem pecado havia sido derramado para pagar pelo pecado do homem, porque a vida está no sangue (Levítico 17:11).

De volta ao assunto (crer)

Em que mais você precisa crer?

A decisão mais importante que você deve tomar

Creia que Ele fez isso por você.

Creia com o seu coração. Sua mente não vai compreender o que estou lhe dizendo, mas creia com o seu coração. Ouça o seu coração (seu espírito).

Romanos 10:9 diz que, se você confessar com a sua boca que Jesus é Senhor e crer no seu coração que Deus o ressuscitou dos mortos, você será salvo (nascido de novo).

Até este ponto, se você decidiu que crê naquilo que estou lhe dizendo e quer receber a Jesus, você precisa dizer: *Eu creio que Jesus é o Filho de Deus. Eu creio que Ele morreu por mim. Eu creio que Deus o ressuscitou dos mortos.*

Romanos 10:10 (*Bíblia Amplificada*) diz que com o coração o homem crê e é justificado. A palavra *justificar* significa tornar como se nunca houvesse pecado; significa purificar-se, reconciliar-se com Deus. Somente crendo em Jesus e em tudo o que Ele fez é que você será justificado.

Nenhuma quantidade de boas obras tornará você justo para com Deus. Ir meramente à igreja não justificará você. Primeiramente, você deve ser justificado pela fé, então as boas obras o seguirão como um sinal da mudança em seu coração. O coração deve ser justo primeiro. Você *precisa* crer em seu coração, seu homem interior.

Romanos 10:10 (*Bíblia Amplificada*), em seguida fala, em confessar com a sua boca para confirmar a sua salvação.

Em que você deve crer?

Confirmar significa "estabelecer."[1] Dizer aquilo que você crê lhe assegura algo como seu. É como bater o martelo, por assim dizer.

Resumo

Para ser nascido de novo você deve crer que:

- Deus existe (Gênesis 1:1; Hebreus 11:6).
- Jesus é o Filho de Deus, nascido de uma virgem, nascido da carne e do sangue (Mateus 1:18; Mateus 1:23).
- Jesus é Deus, uma pessoa da Trindade, uma parte da Divindade Triúna (Colossenses 2:9-10; Hebreus 1:5-8).
- Ele veio em um corpo de carne, para que pudesse ajudar o homem (João 1:1; João 1:14; Lucas 4:18-21).
- Ele tomou sobre si todos os seus pecados, suportou-os em Seu próprio corpo na cruz (Isaías 53:4-5; 2 Coríntios 5:21).
- Ele morreu pelos seus pecados (Hebreus 2:9).

---

[1] VINE, W.E. *Dicionário expositivo das palavras do Novo Testamento.* Old Tappan, Nova Jersey: Fleming H. Revell Company, 1940, p. 226.

A decisão mais importante que você deve tomar

- Ele foi para o inferno em seu lugar e lá conquistou a vitória, triunfando sobre o inimigo (Atos 2:31).
- No terceiro dia, Ele ressurgiu dos mortos (Lucas 24:1-7; Atos 2:32).
- Ele está agora assentado à destra do Pai no céu (Hebreus 10:12).
- Ele está disponível a todas as pessoas que crerem (Romanos 10:13; Jo 1:12).
- Ele virá para fazer morada em você pelo poder e presença do Espírito Santo habitando no seu espírito humano, tornando-o novamente vivo para Deus (Romanos 8:14-16).[2]

Isso é que significa ser nascido de novo.

Se você crê nisso, então você pode:

- prosseguir admitindo que você é um pecador que necessita de um Salvador (Romanos 3:23-24);
- confessar agora os seus pecados a Deus (1 João 1:9);

---

[2] Nota: Aconselho-o a procurar essas passagens se você possui uma Bíblia. Deixe a Palavra de Deus convencê-lo.

Em que você deve crer?

- ter uma atitude de arrependimento – uma vontade de abandonar o seu pecado e estar disposto a viver uma nova vida para Deus (Atos 3:19).

Vamos orar

Tiago 4:2 diz que você não tem porque não pede. *Peça a Jesus para entrar em seu coração; peça-Lhe para perdoar os seus pecados.* Ele lhe perdoará e virá habitar no seu espírito. O seu espírito viverá para Deus. Aqui está um exemplo de oração que você pode fazer. Entretanto, incentivo-o a derramar seu coração a Deus à sua própria maneira.

Deus Pai, creio que Jesus Cristo é o Teu Filho, o Salvador do mundo. Creio que Ele morreu na cruz por mim, e levou sobre Si todos os meus pecados. Ele foi ao inferno e triunfou sobre a morte e a sepultura. Creio que Jesus ressuscitou dos mortos e está agora assentado à Tua destra. Preciso de Ti, Jesus. Perdoa meus pecados, salva-me, vem habitar dentro de mim. Quero ser nascido de novo.

Se você crê nessas verdades e seguiu as orientações,

*parabéns,
você é nascido de novo!*

5

Agora que sou nascido de novo, o que devo fazer?

Crescer

Agora que você é nascido de novo, você precisa *crescer* como um cristão. Você experimentou o "novo nascimento", então você é um bebê espiritual. O desejo de Deus é que você cresça e seja maduro – um cristão adulto que anda nos caminhos de Deus, que conhece Sua Palavra e sabe como ouvir Sua voz.

Aprender a Palavra

Isso não acontece a não ser que você receba a Palavra. Seu espírito e sua alma (seu interior) necessitam ser alimentados e nutridos para se tornarem fortes. Eles também precisam de exercício. Da mesma forma que seu corpo precisa de alimento e exercício para ficar forte e saudável, seu espírito e sua alma também precisam de alimento e de exercício.

Exercitar

A Palavra de Deus (a Bíblia) é o alimento espiritual de que você precisa. Exercício espiritual consiste em ações como orar, cantar louvores a Deus, confessar a Palavra, pensar nas coisas de Deus, pensar na Palavra, dar e ter comunhão com outros cristãos.

Orar

Peça a Deus que o encaminhe para uma boa igreja, na qual você possa começar a aprender Sua Palavra. Há muitas traduções modernas disponíveis hoje que tornam a Bíblia mais facilmente compreensível do que no passado. Eu gosto da *Bíblia Amplificada*; porém há outras traduções disponíveis. Vá a uma livraria cristã e escolha uma. Quando você começar a ler a Bíblia, peça ao Espírito Santo (Espírito de Deus) para ajudá-lo a compreendê-la.

À medida que você inicia sua nova vida com Deus, converse com Ele. Ele está *sempre* com você. Você nunca mais estará sozinho. Jesus disse: *De maneira alguma te*

Agora que sou nascido de novo, o que devo fazer?

deixarei, nunca jamais te abandonarei (Hebreus 13:5.) Você não precisa lutar pelas coisas da mesma forma que fazia no passado. Peça a Deus que o ajude em tudo o que você faz. Ele é o seu novo Aliado na vida. O *Espírito Santo* é chamado de "Consolador" na Bíblia (Jo 14:16 – *Bíblia Amplificada.*)

Você pode perceber que estou me referindo ao Pai (Deus), ao Filho (Jesus) e ao Espírito Santo. Para deixar claro que eu não o estou confundindo, deixe-me lembrá-lo de que você agora serve a um *Único Deus*, um Deus Triúno, uma Trindade, e cada pessoa da Trindade tem uma "função especial" em sua vida diária.

Ore ao Pai, em nome de Jesus, pelo poder e direção do Espírito Santo, que está agora vivendo dentro de você, trazendo-lhe a presença e a realidade do Pai e do Filho.

Batismo com água

Você precisará ser batizado o mais rápido possível. Não adie isso mais do que o necessário. A Bíblia ensina que a pessoa deve ser batizada depois de aceitar a Jesus como Senhor e Salvador.

Batismo significa "submergir em água", e é geralmente feito por um líder espiritual que o assiste e ora por você enquanto você desce às águas e é erguido novamente.

A decisão mais importante que você deve tomar

Isso significa o sepultamento da velha forma de viver e é um sinal externo seu declarando a sua decisão de viver para Deus. Romanos 6 nos ensina que somos sepultados com Cristo nas águas do batismo e ressuscitados para uma nova vida quando somos erguidos da água.

Na realidade, o batismo com água é a sua declaração ao diabo e aos espíritos demoníacos (lembre-se, eles vagueiam pela Terra e ocupam a sua atmosfera embora você não possa vê-los) que você tomou uma decisão de seguir a Jesus. Ele é agora o seu Senhor. Você está sepultando os seus velhos e pecaminosos costumes e está assumindo um compromisso de aprender novos modos de viver. A Bíblia diz que por intermédio da morte e da ressurreição de Jesus, Ele abriu um novo e vivo caminho.

Você deve ter um *compromisso* com esses novos princípios, ou o diabo o levará a retroceder. Em Pedro 3:21, o apóstolo diz que o batismo é uma figura de livramento. Isso significa arrancá-lo do inimigo, Satanás. Também diz que você está demonstrando aquilo que acredita ser seu em Jesus Cristo.

Se você conhece a respeito de Moisés e os israelitas e seu encontro com o mar Vermelho, Deus os fez atravessar o mar. Eles dividiram a água por intermédio de um milagre de Deus. Isso, de fato, os libertou do inimigo. Mas, quando seus inimigos (Faraó e seu exército) os perseguiram, os

Agora que sou nascido de novo, o que devo fazer?

inimigos foram afogados no mar Vermelho. Isso é o que acontece com você, espiritualmente, no batismo com água.

Se você foi batizado quando era um bebê, como muitos foram por uma formalidade religiosa, sugiro que prossiga e seja batizado, agora que você compreende e pode exercer sua fé para crer no que a Bíblia diz a respeito do batismo.

Formalidade religiosa não significa nada se não há fé verdadeira envolvida. Religião é invenção do diabo para impedir as pessoas de um relacionamento com o Pai, com o Filho e com o Espírito Santo.

Religião é a idéia do homem a respeito da expectativa de Deus – um sistema formal de doutrinas feitas pelo homem (algumas de acordo com a Palavra de Deus e outras, normalmente, não) que gera regras e normas que devem ser seguidas para agradar a Deus. Esse sistema não confere vida ao homem interior e leva as pessoas a entrar nas "obras da carne" tentando agradar a Deus.

As pessoas começam a seguir regras da igreja – coisas que são boas em si mesmas, mas que, se não têm nenhum significado aos envolvidos, não têm vida. Mas agora que você tem um relacionamento com Deus por intermédio de Jesus, você pode ser batizado, e isso terá significado para você porque a fé está presente.

Declare a todos que você está sepultando o velho homem (sua velha natureza) e todos os seus velhos costumes no batismo.

A decisão mais importante que você deve tomar

Nota especial: Você não tem de ter uma experiência emotiva com Deus para ser nascido de novo. Você pode experimentar ou não algum tipo de sentimento específico. Muitas pessoas expressam uma sensação de purificação ou alívio – uma sensação de que seus fardos foram retirados. Entretanto, eu o incentivo a lembrar que nenhuma passagem da Bíblia nos diz para basear nossa fé em sentimentos. Você também não precisa se lembrar do momento exato em que recebeu a Jesus. Mas você *precisa* saber no *seu* coração que você *é* nascido de novo.

Todos os meus quatro filhos são nascidos de novo, e dois deles não conseguiriam contar o "momento exato" em que creram pela primeira vez. Eles sempre cresceram conhecendo a Jesus. Creio, com certeza, que esse é o melhor plano de Deus. Mas, graças a Deus, Ele também tem um plano especial para aqueles entre nós que não tiveram pais que os educaram no alimento e na admoestação do Senhor.

6

HÁ ALGO MAIS?

Sim! Há mais uma coisa muito importante que você precisa saber.

Há ainda outra bênção disponível para você. A Bíblia a chama de batismo no Espírito Santo. A Bíblia nos conta que João disse que, quando Jesus viesse, Ele batizaria as pessoas com o Espírito Santo e com fogo (Mateus 3:4-6,11). João havia batizado pessoas com água, e eles haviam se arrependido dos seus pecados, mas o que é batismo no Espírito Santo?

Em Atos 1:5-8 (*Bíblia Amplificada*), Jesus falou sobre esse batismo do Espírito. Ele disse que eles receberiam poder (habilidade, eficiência e força) quando o Espírito Santo descesse sobre eles, e esse poder os levaria a ser testemunhas de Jesus.

Quando você recebeu Jesus, você recebeu o Espírito Santo no seu espírito humano. Mas o batismo do Espírito é um enchimento completo. Ele o enche, e você é colocado dentro dEle. É como pedir ao Espírito para enchê-lo

A decisão mais importante que você deve tomar

mais e mais de poder e habilidade para viver a vida cristã e servir a Deus de acordo com a vontade dEle.

A palavra grega *dunamis*, traduzida como *poder* em Atos, na realidade significa poder miraculoso, habilidade, força e vigor.[1] Poder que opera milagres!

Pergunte a si mesmo: Eu preciso de poder, habilidade, força e milagres em minha vida? Se você respondeu "sim", então precisa ser batizado no Espírito Santo.

Nota especial: Se você já se envolveu com o ocultismo de alguma forma, peço-lhe agora que se arrependa dessa prática antes de buscar o batismo no Espírito Santo. Feitiçaria, tabuleiro Ouija, cartomancia, sessões espíritas, magia branca ou negra, religiões orientais, rituais, astrologia, Nova Era, hipnotismo e viagens mediúnicas são práticas abomináveis a Deus (Deuteronômio 18:9-12).

Peça a Deus que lhe perdoe por tais práticas e purifique-o. Faça uma declaração, com a sua boca, de que você não quer mais nada que diz respeito a tais espíritos.

---

[1] STRONG, James *A concordância exaustiva da bíblia.* McLean, Virginia: MacDonald Publishing, 1978. Dicionário grego do Novo Testamento, p. 24, #1.411.

Há algo mais?

Referências bíblicas para ser batizado no Espírito Santo

ATOS 1:8 (*Bíblia Amplificada*)

Mas recebereis poder (habilidade, eficiência e força) ao descer sobre vós o Espírito Santo, e sereis minhas testemunhas tanto em Jerusalém como em toda a Judéia e Samaria, e até aos confins (os últimos limites) da Terra.

ATOS 2:1-4 (*Bíblia Amplificada*)

Ao cumprir-se o dia de Pentecoste, estavam todos reunidos no mesmo lugar;

De repente veio do céu um som, como de um vento impetuoso, e encheu toda a casa onde estavam assentados.

E apareceram, distribuídas entre eles, línguas como de fogo, e pousou uma sobre cada um deles.

Todos ficaram cheios (difundiu-se por toda a sua alma) do Espírito Santo, e passaram a falar em outras (diferentes, estranhas) línguas (linguagens), segundo o Espírito lhes concedia que falassem em voz alta e clara [com as palavras apropriadas de cada língua].

ATOS 8:17 (*Bíblia Amplificada*)

Então [os apóstolos] lhes impunham as mãos um por um, e recebiam estes o Espírito Santo.

ATOS 10:44-46 (*Bíblia Amplificada*)

Ainda Pedro falava estas coisas quando caiu o Espírito Santo sobre todos os que ouviam a palavra.

E os fiéis que eram da circuncisão [os judeus], que vieram com Pedro, estavam surpresos e admirados, porque o dom gratuito do Espírito Santo também havia sido concedido e amplamente derramado sobre os gentios.

Pois os ouviam falando em [desconhecidas] línguas (linguagens) e engrandecendo e exaltando a Deus.

Há algo mais?

ATOS 19:6 (*Bíblia Amplificada*)

E impondo-lhes Paulo as mãos, veio sobre eles o Espírito Santo; e tanto falavam em [estranhas, desconhecidas] línguas (linguagens) como profetizavam.

Línguas

Você provavelmente percebeu que as pessoas começaram a falar em "línguas" ou "outras línguas" quando foram batizadas no Espírito Santo.

Isso significa uma língua diferente de sua língua usual. Pode ser uma língua conhecida (para uma outra pessoa, não para quem fala) ou uma língua de anjos (desconhecida de qualquer humano) (1 Coríntios 13:1). A maneira mais fácil e melhor para descrever as línguas é dizer que são uma linguagem espiritual que o Espírito Santo conhece e escolhe para falar por intermédio de você, porém uma linguagem que você não conhece. É o Espírito Santo falando diretamente com Deus por intermédio de você.

As línguas são atribuídas a um *fenômeno*. Isso significa que nós não as compreendemos com a nossa mente. É algo espiritual.

A decisão mais importante que você deve tomar

Paulo disse em 1 Coríntios 14:14 que se você ora em línguas sua mente fica infrutífera. No versículo 4 deste capítulo, Paulo diz que quando você ora em línguas edifica (desenvolve) a si próprio.

Orar em línguas lhe garante poder fazer uma oração perfeita, quando você se encontra em uma situação em que não sabe orar como convém. Romanos 8:26 (*Bíblia Amplificada*) diz:

> *Também o Espírito [Santo] nos assiste em nossa fraqueza; porque não sabemos orar como convém nem apresentar oração que tenha seu devido valor, mas o mesmo Espírito atende à nossa súplica e intercede por nós sobremaneira com anseios e gemidos inexprimíveis.*

Orar em línguas fortalece o seu espírito. Edifica você espiritualmente. Judas 1:20 (*Bíblia Amplificada*) diz:

> *Vós, porém, amados, edificando-vos [alicerçando-vos] na vossa fé santíssima [avançando, subindo mais e mais alto como um edifício], orando no Espírito Santo.*

Há algo mais?

Imposição de mãos

Você pode receber o Espírito Santo por intermédio de alguém que crê na doutrina do batismo no Espírito Santo, tendo como sinal o falar em outras línguas, que lhe imponha as mãos e ore por você.

Pela Fé

Lucas 11:13 (*Bíblia Amplificada*) nos diz:

> *Ora, se vós, que sois maus, sabeis dar boas dádivas [dádivas que são para seu benefício] aos vossos filhos, quanto mais o Pai celestial dará o Espírito Santo àqueles que lho pedirem continuamente?*

Portanto, peça. Você mesmo pode pedir a Deus.

O Espírito Santo pode vir soberanamente

Eu recebi o batismo no Espírito Santo dentro do meu carro, em fevereiro de 1976, como um ato soberano de Deus em minha vida. Eu estava clamando a Deus pedindo por

A decisão mais importante que você deve tomar

mais dEle. Eu disse: "Deus, tem que haver mais para o cristianismo do que eu estou experimentando". Eu queria vitória sobre os meus problemas, mas não conseguia.

Eu nasci de novo muitos anos antes de receber o batismo no Espírito Santo. Eu era salva e teria ido para o céu se morresse. Porém eu estava sem *poder* para viver uma vida cristã vitoriosa. Eu clamava em desespero naquela manhã, e naquela mesma noite Jesus me batizou no Espírito Santo.

Eu não falei em línguas imediatamente (principalmente porque eu não sabia *nada* a respeito dessas coisas). Isso, provavelmente, teria me assustado naquela época. Entretanto, eu realmente recebi muito poder, habilidade, determinação e entendimento. Durante as três semanas seguintes, Deus me direcionou a programas de rádio e livros onde pude aprender sobre esse batismo no Espírito.

No início, eu não sabia o que havia acontecido comigo. Eu só sabia que era maravilhoso e que era de Deus. Aprendi, então, sobre o falar em línguas. Pedi a Deus por isso e recebi.

Como receber as línguas

Peça a Deus que o encha e o batize no Espírito Santo. Simplesmente ore: *Pai, em nome de Jesus, eu Te peço que me batize no poder do Espírito Santo com a evidência de falar em línguas.*

Há algo mais?

Relaxe e fique à vontade na presença de Deus. Ele ama você e quer que tenha o melhor dEle. Espere nEle tranqüilamente e creia que você está recebendo. Creia antes que *sinta* qualquer mudança. Você pode *sentir* uma mudança ocorrendo, mas pode não sentir. Não seja guiado por seus sentimentos; seja guiado pelas promessas de Deus.

Para falar em línguas, abra a sua boca e, à medida que o Espírito lhe dá expressão vocal, verbalize aquilo que está ouvindo surgir do seu homem interior. *Isso não partirá da sua cabeça.* Lembre-se: sua mente não compreende isso.

É por isso que é tão difícil para muitas pessoas. Estamos acostumados a ter nossa mente dirigindo nossa vida. Este livro trata da vida espiritual e de aprender a viver espiritualmente, não naturalmente.

Você ouvirá ou perceberá sílabas, frases, gemidos ou elocuções que são pronúncias incomuns ou estranhas a você. Dê um passo de fé e pronuncie-os, verbalize-os. Atos 2:4 diz: *Eles passaram a falar em outras línguas, segundo o Espírito lhes concedia que falassem.*

Você pode agora fazer uso dessa linguagem (que irá crescer à medida que você cresce e exercita esse dom) em qualquer momento que orar ou simplesmente para edificar a si próprio. Não fale em línguas perto de pessoas que não compreendam esse ato. Expressões em línguas no ambiente da igreja devem ser interpretadas ou explicadas.

Desfrute a sua nova vida no Espírito!

Nota:
Se você tem quaisquer perguntas,
sinta-se à vontade para entrar em contato
com o meu escritório.

Você tomou a decisão correta?

Se você recebeu a Jesus ou o batismo no Espírito Santo como fruto da leitura deste livro, por favor, ligue ou escreva e nos informe. Isso nos trará encorajamento. Gostaríamos de orar por você e de nos alegrarmos junto com você.

... escolhei hoje a quem servis... mas eu e a minha casa serviremos ao Senhor.

Josué 24:15 (Bíblia Amplificada)

Ao iniciar a sua nova caminhada com Deus, é importante que você receba um ensino consistente, espiritual, com regularidade. A Palavra de Deus é o alimento espiritual de que você precisa para o crescimento espiritual.

Amado, João 8:31-32 (Bíblia Amplificada) diz: "Se vós permanecerdes na minha palavra... sois verdadeiramente meus discípulos. E conhecereis a verdade e a verdade vos libertará".

Eu o exorto a tomar posse da Palavra de Deus e a plantá-la profundamente em seu coração. De acordo com 2 Coríntios 3:18, à medida que você olha para a Palavra, você será transformado à imagem e semelhança de Jesus Cristo.

Com amor,
Joyce

Sobre a Autora

Joyce Meyer é uma das líderes no ensino prático da Bíblia no mundo. Renomada autora de bestsellers pelo *New York Times*, seus livros ajudaram milhões de pessoas a acharem esperança e restauração através de Jesus Cristo.

Através dos *Ministérios Joyce Meyer*, ela ensina sobre centenas de assuntos, é autora de mais de 80 livros e conduz aproximadamente 15 conferências por ano. Até hoje, mais de 12 milhões de seus livros foram distribuídos mundialmente, e em 2007 mais de 3.2 milhões de cópias foram vendidas. Joyce também tem um programa de TV e de radio, *Desfrutando a Vida Diária*®, o qual é transmitido mundialmente para uma audiência potencial de 3 bilhões de pessoas. Acesse seus programas a qualquer hora no site www.joycemeyer.com.br

Tendo sofrido abuso sexual quando criança e a dor de um primeiro casamento emocionalmente abusivo, Joyce descobriu a liberdade de viver vitoriosamente aplicando a Palavra de Deus à sua vida, e deseja ajudar que os outros façam o mesmo. Desde sua batalha com câncer no seio até as lutas da vida diária, ela fala aberta e praticamente sobre sua experiência de modo que outros possam aplicar o que ela aprendeu às suas vidas.

Durante os anos, Deus proveu a Joyce com muitas oportunidades de compartilhar o seu testemunho e a mensagem de mudança de vida do Evangelho. De fato, a revista *Time* a selecionou como uma das mais influentes líderes evangélicas na America. Ela é um incrível testemunho do dinâmico e restaurador trabalho de Jesus Cristo. Ela crê e ensina que, independente do passado da pessoa ou dos erros cometidos no passado, Deus tem um lugar para elas, e pode ajudá-las em seus caminhos para desfrutarem a vida diária.

Joyce tem um merecido PhD em teologia obtido da Universidade Life Christian em Tampa, Florida; um honorário doutorado em divindade da Universidade Oral Roberts University em Tulsa, Oklahoma; e um honorário doutorado em teologia sacra da Universidade Grand Canyon em Phoenix, Arizona. Joyce e seu marido, Dave, são casados há mais de quarenta anos e são pais de quarto filhos adultos. Dave e Joyce Meyer vivem atualmente em St. Louis, Missouri.